TIME
FOR KIDS

¡POP!
Presión del aire y del agua

Stephanie Paris

Consultores

Timothy Rasinski, Ph.D.
Kent State University

Lori Oczkus
Consultora de alfabetización

Katie McKissick
Consultora de ciencias físicas

Basado en textos extraídos de
TIME For Kids. *TIME For Kids* y el logotipo
de *TIME For Kids* son marcas registradas
de TIME Inc. Utilizados bajo licencia.

Créditos de publicación

Dona Herweck Rice, *Jefa de redacción*
Conni Medina, *Directora editorial*
Lee Aucoin, *Directora creativa*
Jamey Acosta, *Editora principal*
Heidi Fiedler, *Editora*
Lexa Hoang, *Diseñadora*
Stephanie Reid, *Editora de fotografía*
Emily Engle, *Autora colaboradora*
Rachelle Cracchiolo, *M.S.Ed.,*
     Editora comercial

Créditos de imágenes: págs.19 (arriba),
28 (arriba), 29 (arriba), 56 Alamy; págs.40,
45, 57 (arriba) Bigstock; pág.6 gbrummett/
Flickr; pág.47 David Brown; pág.16
Getty Images; pág.29 (abajo) Verena
Tunnicliffe/AFP/Newscom; pág.25 (abajo)
L. Birmingham/Custom Medical Stock
Photo/Newscom; pág.19 (abajo) Richard
Thomason/KRT/Newscom; pág.35 (arriba)
Zuma Press/Newscom; págs.15, 27, 37
(arriba), 38–39 (ilustraciones) Kevin Panter;
pág.31 (ilustración) Matthew Tiongco;
págs.7, 11, 12–13, 32–33, 43, 52–53
(ilustraciones) Timothy J. Bradley; págs.17
(arriba), 21 (arriba), 23 (arriba), 28 (abajo),
41, 48, 50–51, 51 (arriba) Photo Researchers;
p.18 Pathathai Chungyam/Getty Images/
iStockphoto; todas las demás imágenes son
de Shutterstock.

Teacher Created Materials

5301 Oceanus Drive
Huntington Beach, CA 92649-1030
http://www.tcmpub.com

ISBN 978-1-4333-7172-1

Tabla de contenido

¡La presión del MUNDO!

¿**H**as conocido alguna vez a alguien que llevara el peso del mundo sobre sus hombros? ¡Los antiguos griegos creían que había un dios llamado Atlas que en verdad sujetaba el mundo levantándolo sobre sus hombros! Pero lo cierto es que todos estamos bajo **presión** todos los días. De hecho, sin ella, ¡no podríamos sobrevivir!

Atlas

PARA PENSAR

✦ ¿Qué es la presión?

✦ ¿Dónde encontramos presión?

✦ ¿Cuáles son algunas de las formas en las que podemos usar la presión en nuestro beneficio?

5

Presión

La presión es una fuerza que empuja contra algo. No hay forma de escapar de la presión. La experimentaremos sin importar dónde vayamos o lo que hagamos. Mientras lees este libro sentado, tus dedos presionan la página y tu cuerpo presiona la silla. Cuando escribes con un lápiz, haces presión con el grafito. Cuando borras tienes que aplicar presión con la goma de borrar. Pero incluso si estuvieras flotando en una piscina con agua, sin hacer nada, seguirías bajo presión. El agua estaría empujando desde todas las direcciones y el aire estaría presionando desde arriba. La presión del agua y del aire son dos fuerzas esenciales que nos afectan todos los días.

Cuando un globo de agua explota, el resultado es espectacular: y moja.

¡Haz que explote! ¡Dale!

¿Alguna vez te has preguntado por qué los globos hacen ese sonido de explosión tan alto? Tiene que ver con el látex del que están hechos.

La presión del gas dentro del globo tensa el látex. La tensión hace que se formen rajaduras en el látex y el aire sale a toda velocidad. Esto sucede más rápido que la velocidad del sonido. ¡Causa pequeñas explosiones sónicas!

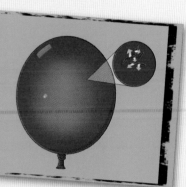

Luego, los trozos de látex vuelven a su forma original. ¡Esto también pasa a una velocidad mayor que la del sonido y causa más explosiones sónicas!

Todas estas pequeñas explosiones ocurren en un periodo de tiempo tan pequeño que las oímos como un acontecimiento: un gran ¡POP!

Pesos pesados

Blaise Pascal y Sir Isaac Newton fueron matemáticos y científicos con talento. Vivieron durante el siglo XVII. Pascal es más conocido por estudiar los fluidos y crear el **barómetro**. También hizo máquinas que realizaban cálculos. Newton es más conocido por crear el cálculo, un área de las matemáticas. El cálculo se utiliza para estudiar las leyes del universo. Con estas matemáticas desarrolló tres leyes básicas del movimiento que todavía se estudian y usan hoy.

Newtons y pascales

Por su trabajo en las matemáticas y la ciencia, las unidades de medida utilizadas para describir la presión reciben su nombre de Newton y Pascal.

El **newton** (**N**) es una unidad de fuerza. Un newton describe la fuerza necesaria para acelerar un kilogramo de **masa** un metro por segundo al cuadrado. Los newtons describen el peso.

El **pascal** (**Pa**) es una unidad de presión. Un pascal es un newton de fuerza por metro cuadrado.

$$N = kg \, \frac{m}{s^2}$$

$$Pa = 1 \, \frac{n}{m^2}$$

¿Qué pesa un newton?

✦ una manzana mediana

✦ una barra de mantequilla

✦ una hamburguesa de un cuarto de libra

¡Todas pesan un newton!

Un billete de un dólar tumbado plano sobre una superficie produce aproximadamente un pascal de presión.

Presión del agua

Cuando te adentras en una piscina tu cuerpo siente un cambio. Puedes sentir la temperatura y la presión del agua en tu piel. Si buceas en la parte profunda de la piscina sentirás incluso más presión.

Cuando las moléculas del agua empujan a los objetos de alrededor, crean presión acuática. Esto sucede porque el agua tiene masa. Cuando abres una manguera de jardín, la manguera pasa de plana y blanda a inflada y firme. Las moléculas de agua están empujando desde dentro de la manguera. Cuando estás en el fondo de la piscina, sientes el peso de todo el agua que está por encima de ti presionando tu cuerpo. A medida que buceas más profundo, sientes más presión porque hay más agua encima de ti ejerciendo presión.

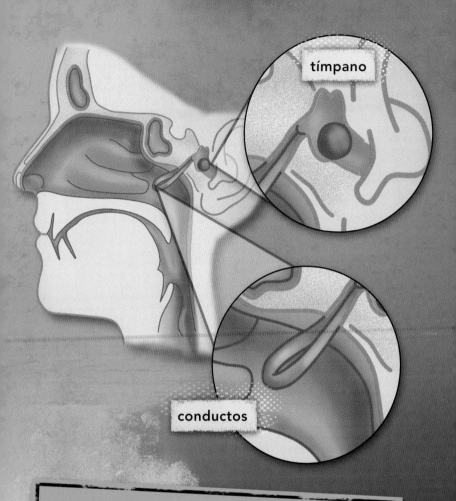

tímpano

conductos

Sentir la presión

¿Te han dolido alguna vez los oídos al estar bajo el agua? Esto sucede porque el tímpano separa dos conductos. Una sección sale del cuerpo a través de la oreja y la otra se adentra en el cuerpo por la garganta. Normalmente la presión del aire en ambas partes es igual. Pero cuando buceas, hay más presión desde el exterior. ¡Esto puede presionar el tímpano e incluso romperlo!

Agujeros en una botella

¡En este experimento verás la presión del agua en acción!

Materiales

- botella de refresco de 2 litros
- 1 chincheta
- cinta
- colorante alimenticio
- bandeja de cocina grande o en el fregadero

Paso 1

Utiliza una chincheta para hacer una línea de agujeros en el lateral de la botella de refresco. (Pide a un adulto que te ayude).

Cubre todos los agujeros con un trozo grande de cinta. Rellena la botella con agua. Puedes añadir colorante alimenticio si quieres. Pon la botella en una bandeja de cocina grande o en el fregadero (o haz este experimento fuera). Ahora, ¡quita la cinta!

¡Guau!

El agua de los agujeros inferiores llegará más lejos que la de los de arriba. Esto pasa porque hay más presión sobre el agua de abajo. ¿Qué sucede si aprietas suavemente la botella en diferentes sitios?

Plantas bajo presión

Las plantas dependen de la presión del agua para su supervivencia. ¿Has visto alguna vez una planta que se ha marchitado? Se queda entera colgando como si la planta estuviera deprimida. Esto sucede porque cada célula de la planta contiene una **vacuola** para mantener agua. Cuando la planta está sana y tiene suficiente agua, el agua empuja contra la célula desde dentro haciendo que esté firme y rígida. Da rigidez a las hojas y el tallo de la planta. Pero las plantas necesitan el agua para otras cosas, también. La utilizan para la **fotosíntesis** y para transportar nutrientes. Estos procesos son muy importantes para las plantas. Si las plantas no tienen suficiente agua, lo sacan de las vacuolas. Sin la presión interna del agua las plantas se quedan flácidas. Sin embargo, si se añade más agua, ¡las plantas pueden volver a crecer alegres otra vez!

¡El tejido de una planta en crecimiento esta hecho de un 80 a un 95 por ciento de agua! El tejido leñoso de la planta contiene entre un 45 y un 50 por ciento de agua.

Ir contra la gravedad

El xilema es el tejido de una planta que lleva el agua de las raíces a las hojas. La planta utiliza la presión del agua para que esto funcione. El agua se evapora por las hojas. Esto causa que la presión en la parte superior de la planta sea menor que la de la parte inferior. ¡Así, el agua fluye hacia arriba!

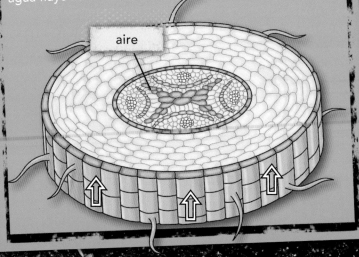

aire

Turgencia

La presión del agua es tan importante para la vida de las plantas que hay un nombre especial para ella. Dentro de las células, se llama **turgencia**.

Animales bajo presión

Las personas y otros animales no tenemos turgencia. Pero seguimos dependiendo de la presión del agua para algunas de nuestras necesidades básicas. Nuestro sistema circulatorio utiliza la presión para mantenernos con vida. La sangre (que está compuesta mayormente de agua) es bombeada a través de nuestro cuerpo cuando el corazón se comprime y ejerce presión sobre el fluido.

La presión sanguínea es una medida de la cantidad de presión que la sangre ejerce sobre las venas al moverse por el cuerpo. Se mide en dos momentos. La **presión sistólica** se mide cuando el corazón late. La **presión diastólica** se observa cuando el corazón descansa. La presión sanguínea necesita estar en un rango seguro para que nuestros cuerpos estén sanos. La presión sanguínea baja es rara vez un problema conforme avanza el tiempo. Pero si aparece repentinamente puede ser un signo de enfermedad. La presión sanguínea alta se considera una enfermedad. Puede ejercer mucha presión sobre los órganos y dañar el cuerpo con el tiempo. Aproximadamente uno de cada tres adultos en Estados Unidos tiene la presión sanguínea alta.

Un hombre tomándose la presión sanguínea.

La almohada del cerebro

Probablemente sabes que tu cerebro está protegido por tu cráneo. ¿Pero sabías que también tiene una capa de fluido a presión que lo mantiene seguro? Un fluido aguado impide que tu cerebro golpee el interior de tu cráneo cada vez que te mueves. Si la presión de este fluido es demasiado baja, el cerebro está desprotegido. Si sube demasiado, puede acabar apretando el cerebro en lugar de amortiguarlo.

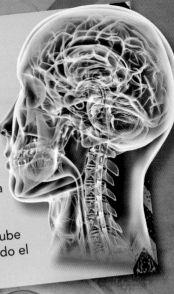

En un monitor de presión sanguínea, el número superior muestra la presión sistólica y el número inferior muestra la presión diastólica.

Tabla de presión sanguínea

Categoría	Sistólica		Diastólica
Baja	menos de 90	o	menos de 60
Normal	entre 90–120	o	entre 60-80
Debería vigilarse	120–139	o	80–89
Alta, estadio 1	140–159	o	90–99
Alta, estadio 2	160 o más	o	100 o más

Cuerpos en el agua

Si te zambulles en una piscina, ¿qué fuerzas actúan sobre tu cuerpo? La **flotabilidad**, también llamada **fuerza de flotación**, es la fuerza que empuja hacia arriba a un objeto en un fluido. El objeto parece perder peso. Esto sucede porque las moléculas de abajo de un fluido están acumuladas con mayor densidad que las moléculas de arriba. Los objetos son empujados hacia arriba, lejos del área de mayor presión y hacia el área de menor presión.

Una dulce sorpresa

Los científicos querían saber si era posible nadar en sirope. Encontraron a 16 voluntarios. Luego, les tomaron sus tiempos cuando nadaron en una piscina de agua normal. Después, mezclaron 660 libras de goma guar, que se utiliza para darle espesor a cosas como el champú o el helado. Esto hizo que la piscina estuviera llena de una sustancia pegajosa, similar al sirope y viscosa. Era el doble de espesa que el agua. ¡Un científico dijo que le recordaba a los mocos! Todos los participantes nadaron con tiempos muy similares a los del agua normal. Y ni el agua ni la sustancia pegajosa parecieron dar una ventaja consistente.

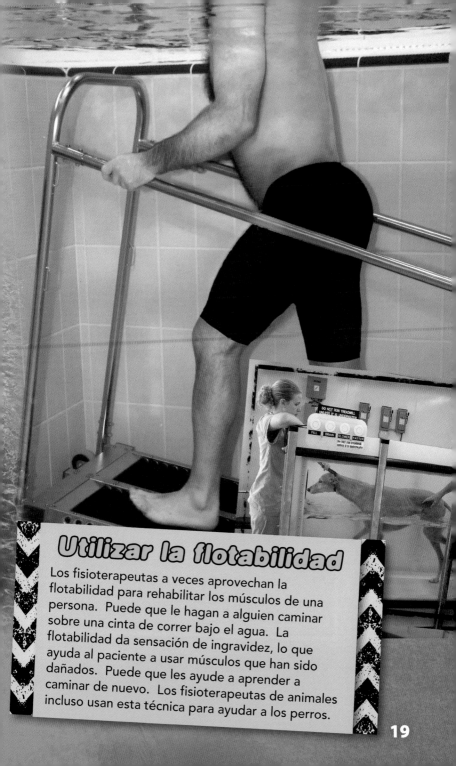

Utilizar la flotabilidad

Los fisioterapeutas a veces aprovechan la flotabilidad para rehabilitar los músculos de una persona. Puede que le hagan a alguien caminar sobre una cinta de correr bajo el agua. La flotabilidad da sensación de ingravidez, lo que ayuda al paciente a usar músculos que han sido dañados. Puede que les ayude a aprender a caminar de nuevo. Los fisioterapeutas de animales incluso usan esta técnica para ayudar a los perros.

La densidad del agua

El nivel de sal y la temperatura del océano determinan su **densidad**. Cuanto más salada sea el agua, más densa es. Y cuanto más fría sea, más densa será. Así que el agua que está más cerca de la superficie está normalmente más caliente y tiene menos sal que las aguas profundas de abajo. Pero esto tiene trampa. El calor cambia las cosas más que la sal. Así las capas de agua más cálidas y saladas pueden permanecer sobre otras más frías y menos saladas. El resultado es que los océanos están hechos de capas de agua según su densidad.

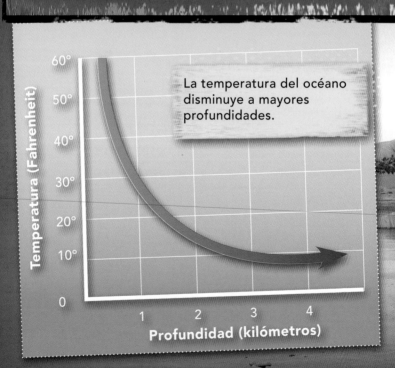

La temperatura del océano disminuye a mayores profundidades.

Prueba esto

Toma dos recipientes y llénalos con agua del grifo. Añade seis cucharadas soperas de sal en uno de los recipientes. Remueve hasta que la sal se disuelva. (No pasa nada si quedan unos pocos granos de sal en el fondo). Ahora, pon un huevo crudo en cada recipiente. ¿Cuál flota? ¡El que está en agua salada flotará porque el agua ahora es más densa que el huevo!

Flotar

¿Por qué algunos objetos flotan en el agua mientras que otros se hunden? Considera esto: Si tiras un clip de metal a una piscina, se hundirá. Pero hay barcos enormes que pueden transportar millones de toneladas de carga por el océano. ¿Cómo puede ser?

Si la fuerza de flotación, o flotabilidad, de un objeto es mayor que la fuerza de la **gravedad**, flotará. Esto significa que si un objeto desplaza más agua que su peso, flota. El clip no desplaza una gran cantidad de agua, así que se hunde. Pero las embarcaciones enormes están hechas para aprovechar la fuerza de flotación. Su forma les permite desplazar suficiente agua para que puedan flotar.

El principio de Arquímedes

Arquímedes fue un científico de la antigua Grecia que averiguó que si algo desplaza más agua que su peso, flotará. Así que ahora este concepto se conoce por su nombre. Se llama el **principio de Arquímedes.**

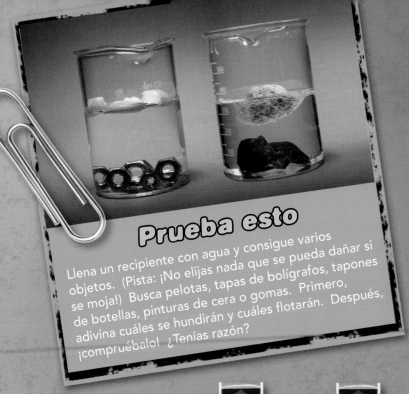

Prueba esto

Llena un recipiente con agua y consigue varios objetos. (Pista: ¡No elijas nada que se pueda dañar si se moja!) Busca pelotas, tapas de bolígrafos, tapones de botellas, pinturas de cera o gomas. Primero, adivina cuáles se hundirán y cuáles flotarán. Después, ¡compruébalo! ¿Tenías razón?

Inclinar la balanza

Hay otra forma de verlo. Primero se pesa un bloque de metal en el aire. Después se pesa en el agua. La fuerza de flotación del agua, que empuja hacia arriba, hace que la báscula pese el bloque como un peso más ligero.

medida de aire

medida de agua

23

Presión de la profundidad

Cuanto más profundo te adentres en el océano, más presión habrá sobre tu cuerpo. ¿Cuánta presión? Se cree que el punto más bajo en la Tierra está en la fosa de las Marianas en el océano Pacífico. ¡En esta parte del océano, la más profunda, hay 16,000 libras de presión por pulgada cuadrada de materia!

¿Cuánto puedes bajar?

Llevando equipamiento especial de buceo, los humanos solo pueden bucear hasta los 1,080 pies. Pero el punto más profundo del océano está a 35 veces esa profundidad, o unas 6.8 millas. ¡Hay animales que viven en todos los niveles!

botellas de buceo

máscara de buceo

aletas de buceo

se forman burbujas de gas en los vasos sanguíneos y los tejidos

burbujas bloqueando vasos sanguíneos

El mal del buceo

La embolia gaseosa arterial, a veces llamada el *mal del buceo*, sucede cuando los buceadores respiran gas (aire) a altas presiones cuando están a gran profundidad. Al subir los buceadores a la superficie, el gas que está disuelto en la sangre sale y forma burbujas. Puede ser muy doloroso e incluso mortal. El truco está en subir poco a poco. Esto permite que el cuerpo se ajuste a los nuevos niveles de presión y reabsorba cualquier burbuja de gas antes de que se haga lo suficientemente grandes como para causar daños.

Reto del mar profundo

La fosa de las Marianas es una marca de 1,500 millas de largo en el suelo del océano Pacífico. El punto más profundo se conoce como el abismo de Challenger. Hace cincuenta años los investigadores hicieron el viaje hacia la profundidad. Pero solo pudieron quedarse en el fondo durante 20 minutos. El **limo** les impedía sacar fotos.

El 26 de marzo de 2012 un submarino especial llamado *Deepsea Challenger* fue al fondo oceánico de nuevo. La persona dentro de la nave en realidad no era un científico. ¡Fue el director de cine James Cameron! Después de filmar la película *Titanic*, se convirtió en un apasionado de la exploración de la profundidad del mar. Así que decidió hacer su propio proyecto. Los **datos** de su viaje todavía se están examinando pero James Cameron informa de que incluso a esta profundidad extrema había vida. Pudo ver peces diminutos y criaturas parecidas a las gambas.

¿Cuánto puedes bajar?

Un pascal es un newton de fuerza por metro cuadrado. Otra medida de fuerza es la *psi*. Es el número de libras de presión sobre cada pulgada cuadrada de un objeto.

Qué	Libras por pulgada cuadrada (*psi*)
un billete de un dólar apoyado en una superficie	.0001 *psi*
presión de 1 pinta de agua en un tubo de 1″ x 1″	.1 *psi*
la presión del océano en un submarino a una profundidad de 6,500 metros (m)	10,000 *psi*

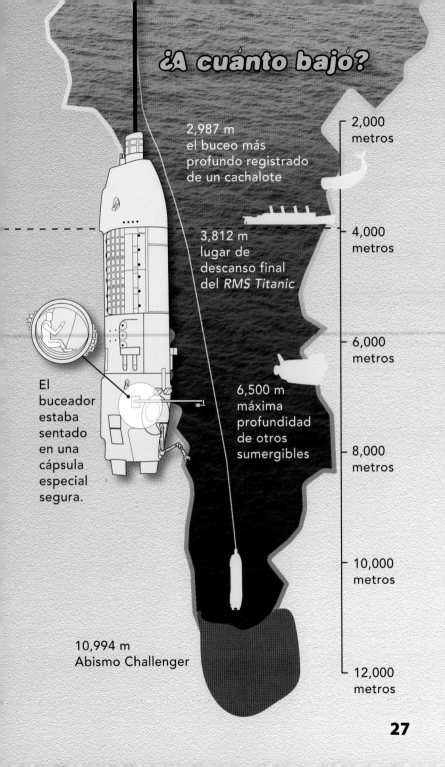

¿A cuánto bajo?

2,987 m
el buceo más
profundo registrado
de un cachalote

2,000
metros

4,000
metros

3,812 m
lugar de
descanso final
del *RMS Titanic*

6,000
metros

El
buceador
estaba
sentado
en una
cápsula
especial
segura.

6,500 m
máxima
profundidad
de otros
sumergibles

8,000
metros

10,000
metros

10,994 m
Abismo Challenger

12,000
metros

27

Criaturas del abismo

Estas criaturas han evolucionado y se han adaptado con el tiempo para vivir en el fondo oceánico a profundidades extremas. Lee acerca de dónde viven y cómo sobreviven allí.

Pez víbora

Se encuentran aproximadamente a una milla de profundidad, ¡estos escalofriantes sabandijas tienen una tremenda sobremordida! Algunos son de color negro obscuro como la noche. Pero otros no tienen nada de color. Muchos tienen órganos en el cuerpo que emiten luz para atraer a las presas a sus expectantes bocas.

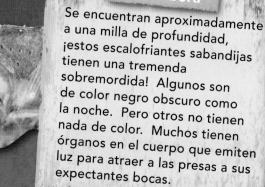

Pez con colmillos largos

Estos pequeños peces parecen feroces pero solo crecen unas seis pulgadas de largo. Sus grandes bocas les permiten cazar presas enteras, ¡y sus estómagos se estiran para permitirles tragar las criaturas enteras!

Calamar gigante

Estas misteriosas criaturas viven en lo profundo del océano y pueden crecer hasta los 60 pies de longitud. Pueden vivir hasta a 10,000 pies bajo la superficie. Pero los científicos saben muy poco más sobre ellos. Esto se debe a que nunca han sido observados con vida en la naturaleza. Se han encontrado calamares muertos flotando o en la playa y se han encontrado dentro de los estómagos de cachalotes, a los que les gusta comérselos.

Gusano de tubo gigante

¡Estos amigos destacan por su longitud de hasta ocho pies y su flequillo rojo brillante! Sin embargo, lo que es todavía más impresionante es cómo comen. Los gusanos de tubo gigante viven cerca de fuentes hidrotermales de agua caliente. Dentro de los gusanos, las bacterias transforman las sustancias químicas de las fuentes en comida para los gusanos.

Presión del agua en acción

¿Con qué frecuencia utilizas una manguera de jardín, un pulverizador, una pistola de agua, un inodoro, un lavabo o una ducha? Interactúas con la presión del agua a diario. Cuando abres una pila o tiras de la cadena, la presión del agua te ayuda de una forma muy básica. Puedes beber, lavarte o tirar residuos usando la presión del agua.

Si el nivel de presión está mal puedes tener un problema. Si la presión de tu ducha es demasiado baja, el agua simplemente goteará. Pero si es demasiado alta puede ser doloroso o hacer un desastre. Utilizar y controlar la presión del agua es una parte diaria de nuestras vidas.

Montañas rusas de agua

Muchos parques de atracciones utilizan la presión del agua para crear emociones divertidas. La presión del agua bombea el agua hasta la parte de arriba de altos toboganes de agua.

Hidrojets

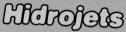

Las embarcaciones personales utilizan un motor a reacción para conseguir una corriente de agua fuerte. El motor está unido a un impulsor. Un impulsor es como un rotor de avión con hélices curvadas que giran. Atrae el agua de debajo de la embarcación y hace que pase por una boquilla situada detrás de la máquina. Esto hace que el agua salga disparada en forma de chorro por detrás de la máquina. ¡Debido a que cada acción tiene una reacción igual y opuesta, la fuerza hacia atrás hace que la embarcación se mueva hacia adelante!

eje de transmisión

impulsor

boquilla de dirección

motor

rejilla de entrada

La historia al completo

Los pulverizadores son un gran ejemplo de un objeto de uso cotidiano que funciona con la presión del agua. Los artículos de limpieza, la laca, el repelente de insectos y los perfumes son solo algunos de los líquidos que vienen en pulverizadores. ¿Te has parado a pensar cómo sale el líquido de dentro de la botella a través de la boquilla rociadora? ¡La respuesta es la presión del agua!

Paso 1

Cuando aprietas el gatillo añades energía al sistema. El apretón hace que una pequeña bola se mueva en el interior del tubo.

Paso 2

Más líquido irrumpe en el espacio vacío del tubo. Normalmente el primer bombeo no pulveriza nada porque todavía no hay líquido en el tubo.

¡ALTO!
PIENSA...

- ¿Cómo cambian estos diagramas tu forma de entender el funcionamiento de un pulverizador?

- ¿Has intentado utilizar alguna vez un pulverizador que no funcionaba? ¿Qué podría estar mal en el pulverizador?

- ¿Por qué crees que los pulverizadores no se utilizan para líquidos más espesos como la miel o el sirope?

Paso 3

Cuando la bola pequeña se adentra en el tubo, aumenta la presión dentro de la bomba y hace que cualquier líquido dentro del tubo salga por la boquilla.

Paso 4

La boquilla también tiene una pequeña bola dentro. Cuando sueltas el gatillo, la bola cierra la boquilla de nuevo, impidiendo que el aire entre desde el exterior y manteniendo la presión dentro de la bomba.

Cambiar la presión

Muchas cosas pueden afectar a la presión del agua. Una forma sencilla de cambiar la presión del agua es hacer que el agua salga por aberturas más pequeñas o más grandes. ¿Has puesto tu dedo en la boquilla de una manguera para hacer que el agua llegara más lejos y saliera más rápido? La misma cantidad de agua está intentando pasar por un espacio más pequeño, así que debe acelerar para pasar por ahí. Tiene más presión, así que el chorro llega más lejos. ¿Qué crees que pasaría si crearas un agujero más grande para que pasara el agua?

GPM

Galones por minuto también se abrevia como *gpm*. Es la tasa a la que un líquido fluye de algo, como una manguera. El caudal de un grifo es de 2.5 gpm, pero hay grifos más eficientes que tienen tasas menores de gpm. Una manguera de jardín típica permite que el agua salga a una tasa de entre 5 y 10 gpm. Mientras que la tasa varía, una manguera antiincendios puede echar entre 95 y 200 gpm, ¡y algunos camiones antiincendios pueden bombear hasta 1,500 gpm! ¡Es muchísima agua!

¡Un trabajo de alta presión!

Un **ingeniero** bombero debe saber mucho sobre la presión del agua. En un incendio el ingeniero se encarga del equipamiento que afecta a la presión del agua dirigida a las mangueras antiincendios. Una bomba en el camión de bomberos crea la presión del agua. El ingeniero decide qué válvulas abrir. Las válvulas ajustan la presión del agua y dirigen el agua a ciertas mangueras. Otro grupo de bomberos controlan la boquilla. El ingeniero debe decidir el nivel adecuado de presión del agua para apagar el fuego rápidamente y de forma segura.

Hidráulica

La hidráulica es el estudio de cómo utilizar los líquidos en las máquinas. En términos sencillos, es la energía del agua. Los antiguos griegos utilizaban la hidráulica para **irrigar** sus granjas. Incluso hacían relojes basados en agua. Hoy se utilizan máquinas hidráulicas en la construcción.

Cómo funciona la hidráulica

Un sistema hidráulico sencillo tiene dos pistones unidos por una tubería llena de fluido. Frecuentemente, el fluido utilizado es aceite porque resiste el calor. Un motor proporciona fuerza que presiona un pistón, provocando que el otro pistón suba. La fuerza se puede aumentar cambiando los tamaños de ambos pistones y sus cámaras.

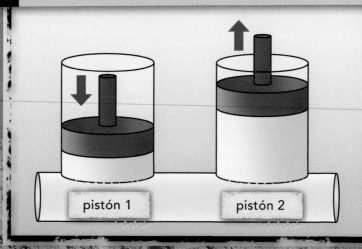

pistón 1   pistón 2

Máquinas hidráulicas comunes

- frenos de auto
- ascensores
- excavadoras
- carretillas elevadoras
- retroexcavadoras
- grúas
- palas
- cargadoras
- mandíbulas de la vida

Ruedas hidráulicas

Algunas de las primeras máquinas hidráulicas fueron las ruedas hidráulicas. Estas máquinas utilizaban la fuerza de un río o corriente para hacer girar una gran rueda de madera. La rueda tenía un eje que podía ser usado para hacer girar una serie de engranajes. Las primeras ruedas hidráulicas se utilizaron para hacer girar pesadas piedras que molían cereales para hacer harina.

37

Presas y turbinas

Las presas se construyen para bloquear un río u otro cuerpo de agua. A veces simplemente se usan para controlar el agua. Pero si se combinan con **turbinas** que producen electricidad, pueden ser una poderosa herramienta para crear energía. La energía hidráulica crea entre el 19 y el 24 por ciento de la electricidad mundial. Y proporciona energía a más de mil millones de personas.

La presa bloquea el río, creando un gran estanque de agua llamado **embalse**.

Las presas se construyen en ríos con descensos pronunciados.

Un túnel bajo la presa, llamado **tubería forzada**, permite el paso del agua.

Debido a que el embalse es grande y la tubería forzada relativamente pequeña, el agua sale disparada por la tubería forzada con mucha fuerza.

Desventajas de las presas

Las presas con limpias y eficientes. Pero no están exentas de problemas. Crear una presa inunda una gran cantidad de terreno. La presa puede causar problemas a la vida salvaje. Los ejemplares de salmón rojo y trucha del noroeste de Estados Unidos han caído de 16 millones a 2.5 millones tras la construcción de presas hidroeléctricas en el río Columbia.

Las turbinas están unidas a un generador.

Al hacer el agua girar la turbina, unos imanes metálicos giran sobre bobinas metálicas, produciendo electricidad.

Hay una o varias turbinas dentro de la presa.

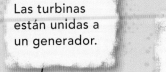

Presión del aire

Normalmente no pensamos que el aire y el agua tienen cualidades similares. Pero tienen más en común de lo que podrías pensar. Los gases y los líquidos son ambos fluidos, lo que quiere decir que se comportan de forma similar. Ambos fluyen. Al igual que el agua, el aire tiene masa y peso, y por lo tanto, genera presión. Esta presión puede utilizarse de muchas formas provechosas.

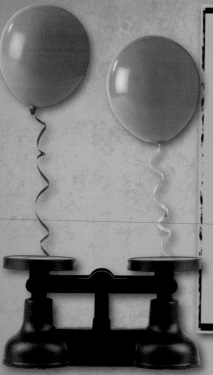

Equilibristas

Intenta llenar dos globos con la misma cantidad de aire y ponlos cada uno en un lado de una balanza. Asegúrate de que ambos lados son iguales. Quita un globo de la balanza y pellizca la goma cerca de la parte inferior donde se encuentra el nudo. Haz un pequeño agujero en la goma que has pellizcado sirviéndote de un alfiler o unas tijeras. Después, deja que el aire salga poco a poco del globo. Pon el globo de nuevo sobre la balanza. ¿Pesa más o menos que el globo que todavía tiene aire?

¡Achís!

Cuando estornudas, tu cuerpo expulsa aire con mucha intensidad. ¡De hecho, el estornudo medio va a una velocidad de 40 millas por hora!

Cuerpos en equilibrio

Si el aire que nos rodea tiene peso, ¿por qué no nos aplasta? ¡La razón es que nosotros también tenemos aire en nuestro interior! Hay bolsas de aire en nuestros pulmones, entre nuestras células y dentro de nuestros oídos. Gran parte del resto de nosotros está hecho de agua. Entre el agua y el aire que presionan nuestros cuerpos desde dentro y el aire que presiona desde fuera, nuestros cuerpos están en equilibrio.

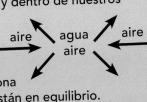

aire → agua aire ← aire

Inspira espira

La presión del aire es esencial para nuestra supervivencia. Sin la presión del aire no podríamos respirar. No podríamos hacer que el oxígeno circulara por nuestro cuerpo. Pero lo que quizás es más importante, la presión del aire protege a la Tierra creando una atmósfera. Esta burbuja protectora permite que prospere toda la vida del planeta.

Como beber con pajita

1. Disminuye la presión del aire en tu boca (es decir, traga aire).

2. Espera a que el aire de fuera intente igualar la presión. ¡Oh no! ¡Hay líquido en el camino!

3. El aire empuja el líquido hacia abajo, haciendo que suba por la pajita.

4. ¡Disfruta de tu deliciosa bebida!

Pulmones

¿Cómo inhalamos? Nuestros pulmones se expanden y crean una zona de menor presión dentro de ellos. El aire entra rápidamente para igualar la presión. Exhalar funciona al contrario. Nuestros pulmones **se contraen**, ¡aumentando la presión y haciendo que el aire vaya a la zona de menor presión de la atmósfera!

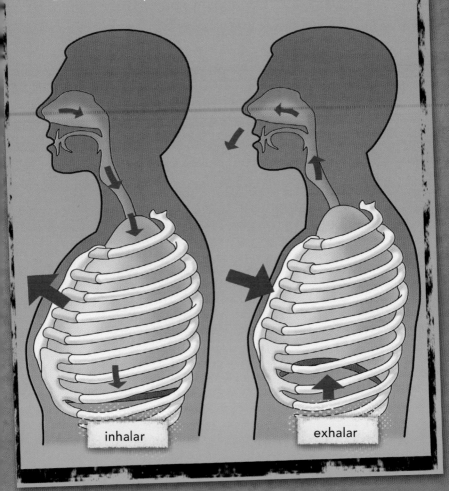

inhalar

exhalar

Atmósfera

La Tierra está rodeada por una mezcla de gases que llamamos *aire*. Hay miles de toneladas de moléculas de aire en la atmósfera. Las moléculas se mantienen ahí por la gravedad de la Tierra. Cuanto más te acercas a la Tierra, más juntas están las moléculas de aire. Al nivel del mar, la presión se mide en atmósferas. Una atmósfera equivale a 14.7 libras por pulgada cuadrada de presión. Si te sitúas a mayor altura del nivel del mar, la presión es más baja y si estás por debajo del nivel del mar, la presión es mayor.

Montañismo

Mientras quienes bucean a grandes profundidades lidian con una mayor presión sobre sus cuerpos, los escaladores de montañas deben ajustarse a una menor presión. A grandes **altitudes**, las moléculas de oxígeno son menos y están más separadas entre sí. Ir despacio puede ayudar a que el cuerpo de los alpinistas se ajuste a cambios en la presión y los niveles de oxígeno. A algunas altitudes los alpinistas deben utilizar botellas de oxígeno.

Cocinar a grandes altitudes

¿Has visto alguna vez una receta que incluyera instrucciones para grandes altitudes? Los tiempos de cocción y la temperatura varían dependiendo de si la comida se hace al nivel del mar o más arriba. Esto es por el cambio en la presión. La ebullición tiene lugar cuando el agua rompe sus enlaces moleculares, cambiando de un estado líquido a gas. Al nivel del mar, el agua hierve a 212 °F (100 °C). Pero cuando hay menos presión sobre el agua, se necesita menos energía para romper los enlaces ¡y el agua hierve a menor temperatura! Eso quiere decir que puede que se necesite menos tiempo para preparar un plato a mayores altitudes.

La atmósfera de la Tierra tiene un espesor de unas 60 millas.

El vacío del espacio

Muy por encima de la atmósfera de la tierra, en el espacio exterior, no hay aire, así que no hay presión del aire. En su lugar, hay un **vacío.** Un vacío perfecto no tiene materia. Pero ningún vacío es completamente perfecto. El espacio exterior tiene poquísima materia. Solo hay unos pocos átomos de hidrógeno por metro cúbico.

> **La naturaleza aborrece el vacío**
> —Dicho griego tradicional que significa que donde existe un vacío, la materia tiende a llenarlo

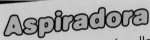

Aspiradora

Si el vacío no tiene nada, ¿por qué se llama aspiradora "de vacío"? ¡Normalmente están llenas de suciedad! Un vacío perfecto no tiene nada en su interior. Pero otra forma de concebir los vacíos es en términos de presión del aire. Los vacíos crean una presión del aire negativa. Las aspiradoras de vacío son un tipo de **vacío bajo**. Succionan partículas porque crean un área de presión que es menor que la presión del aire a su alrededor. Es decir, las aspiradoras de vacío no succionan la suciedad realmente, sino que la presión del aire a su alrededor empuja las cosas a la zona de menor presión.

bolsa para el polvo

orificio de evacuación del aire

motor eléctrico

filtro

cepillo giratorio

ventilador

Calentar

Cuando un fluido como el aire o el agua se expone a una fuente de calor, las moléculas empiezan a moverse. Rebotan por ahí y se esparcen en varias direcciones. Las moléculas que están más esparcidas son menos densas. Así que, en general, los fluidos más calientes están a presiones inferiores.

¿Pero qué sucede si calientas algo y lo mantienes en un espacio confinado y no se puede expandir? En tal caso, las moléculas empiezan a empujar desde el recipiente hacia fuera. ¡La presión dentro del sistema se puede acumular mucho más rápido!

Convección

La **convección** es el movimiento circular en un fluido causado por el calor. Los fluidos menos densos y más cálidos tienden a subir, y los fluidos más densos y fríos a hundirse.

Globos aerostáticos

Los globos aerostáticos funcionan utilizando la menor densidad del aire caliente. Un quemador calienta el aire que llena un globo hecho de un tejido muy ligero. Una cesta cuelga por debajo. El aeronauta está dentro. El aire caliente tiene una densidad menor que el aire más frío cerca de la Tierra. A medida que el aire caliente es empujado hacia arriba, lleva al globo y al aeronauta consigo. Ajustando la cantidad de aire caliente dentro del globo, el aeronauta puede ajustar la altitud.

El clima

¿**P**or qué algunos días está nublado y otros hace viento? ¿De dónde salen los tornados? ¿Cómo predicen los meteorólogos qué tipo de tiempo hará? El clima es extremadamente complicado. Pero mucho de lo que sabemos sobre el clima se puede explicar mediante la comprensión de la presión del aire y del agua. Más del 70 por ciento de la Tierra está cubierto por agua. Todo el planeta está rodeado por aire. El Sol proporciona calor. La interacción de estos tres elementos crea el clima.

El clima

El viento se crea cuando el aire fluye de áreas de alta presión a áreas de baja presión. El aire denso y frío se hunde y el aire cálido y menos denso se eleva. Pero eso no es todo. Porque la Tierra rota, el aire no solamente se hunde y eleva, también se mueve. Cerca del suelo, la fricción de la Tierra decelera el aire.

La rotación de la Tierra causa tres corrientes de viento principales. Las flechas azules representan las corrientes de aire frío. Las flechas rojas representan las corrientes de aire cálido.

La noche y el día

El viento es normalmente mucho más fuerte durante el día. Esto es así porque el Sol calienta el aire de forma activa. Lo que causa corrientes de convección.

Presión atmosférica

La **presión atmosférica** no permanece igual todo el tiempo. El calor, la humedad y otros factores cambian la presión del aire de alrededor. Si las lecturas de presión son bajas, esto revela que hay una tormenta de camino. Esto es así porque al aire le gusta desplazarse de la presión alta a la baja. ¡Así que si estás en una zona de baja presión estás en el lugar a donde se va a desplazar el aire! El tiempo cambia según cambia la presión. Afortunadamente, la presión se puede medir fácilmente utilizando un barómetro.

Materiales:

Haz tu propio barómetro

- 1 jarra grande de vidrio o un bote de café
- film plástico o un globo
- 1 pajita
- 1 goma
- papel rayado
- cinta
- tijeras

Paso 1

Si estás utilizando un globo, corta la mitad inferior y estírala cubriendo el recipiente. Si estás utilizando film plástico, estíralo firmemente sobre el recipiente. Sea como sea, hace falta un sellado firme y regular. Utiliza la goma para asegurar la tapa. Asegúrate de que no pueda entrar o salir nada de aire.

Paso 2

Pon la pajita encima del plástico. Deja que unos dos tercios de la pajita sobresalgan del borde. Pega la pajita con cinta.

Paso 3

Pon tu nuevo barómetro delante de un trozo de papel rayado apoyado en la pared. Registra dónde apunta la pajita en el papel. Cuando la presión cambie, la pajita subirá o bajará. Registra tus resultados según vaya cambiando el tiempo durante los próximos meses.

Nimbos

Las tormentas normalmente se forman en días de verano cálidos y húmedos. Las corrientes de convección cálida causan nimbos muy altos. Se llaman **cumulonimbos**. El aire caliente sube a las capas más frías de la atmósfera. Luego, dentro de la nube, las partículas de agua y hielo suben y caen una y otra vez. Siguen el ciclo de presión del aire. Finalmente, los cristales de hielo de la nube se hacen tan pesados que caen a la Tierra como lluvia o granizo. A la vez, los vientos altos en la nube causan fricción. La fricción carga las partículas hasta que caen rayos. Después se libera la energía.

Huracanes

Una pequeña tormenta se forma sobre agua caliente. El agua calienta el aire que tiene encima, causando una corriente de aire caliente que se eleva. El aire más frío es atraído para sustituir el aire caliente que se eleva. En poco tiempo enormes bancos de cumulonimbos se forman alrededor de una columna circular de aire cálido en el medio. Así es como se forma un huracán. ¡Y la columna de aire en el medio es el ojo de la tormenta!

Tornados

Los tornados se forman cuando los vientos dentro de los nimbos empiezan a girar descontroladamente. Un canal de aire caliente se forma y cae hacia al suelo. Una vez formado, ¡un tornado puede moverse por tierra a 60 millas por hora!

El poder de la presión

La gente ha estado intrigada por el poder del agua y el aire desde el comienzo de los tiempos. El agua y el aire están a nuestro alrededor todo el tiempo. Si nos quitan cualquiera de los dos durante mucho tiempo, nos morimos. La presión del agua y el aire puede hacer cosas poderosas. El viento puede empujar a los barcos al mar, traer semillas desde lejos o derribar casas en un instante. El agua cae del cielo como lluvia, lleva cosas de un sitio a otro y puede llevarse ciudades enteras con una inundación. Pero la presión del agua y del aire también están implicadas en cosas pequeñas pero vitales como tomar un respiro o regar un jardín. No importa lo que hagas, ¡hoy mismo seguro que experimentarás el poder de la presión!

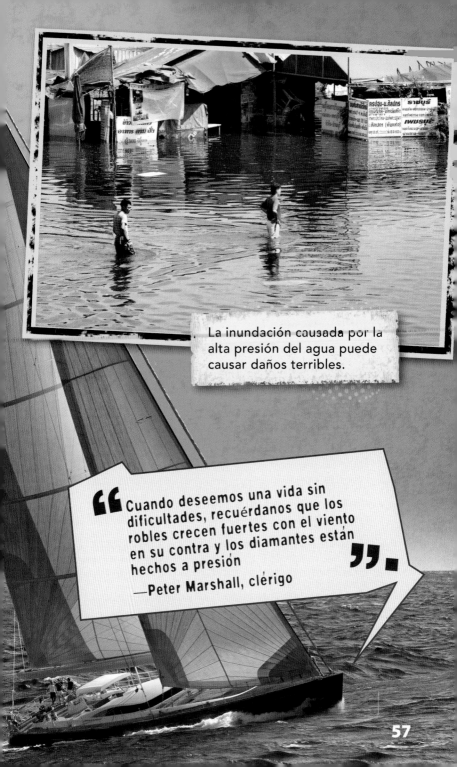

La inundación causada por la alta presión del agua puede causar daños terribles.

"Cuando deseemos una vida sin dificultades, recuérdanos que los robles crecen fuertes con el viento en su contra y los diamantes están hechos a presión"
—Peter Marshall, clérigo

Glosario

altitudes: las distancias verticales de los objetos sobre un determinado nivel (como el nivel del mar)

barómetro: dispositivo utilizado para medir la presión del aire y predecir los patrones climáticos

convección: el movimiento circular en un fluido causado por el calor

cumulonimbos: una nube densa e hinchada con una base baja y una parte superior ancha; frecuentemente indica tormenta

datos: información y estadísticas recogidas para análisis

densidad: la cualidad de tener una alta masa por unidad de volumen

embalse: el agua que se acumula tras una presa

flotabilidad: la fuerza que empuja a los objetos hacia arriba en un líquido

fotosíntesis: el proceso por el que una planta verde convierte el agua y el dióxido de carbono en alimento cuando la planta está expuesta a la luz

fuerza de flotación: otra palabra para *flotabilidad*

gravedad: la atracción de cualquier objeto con masa

ingeniero: persona que hace funcionar o administra un motor o maquinaria técnica

irrigar: proporcionar agua a la tierra o los cultivos para ayudarles a que crezcan

limo: una mezcla de rocas muy pequeñas y partículas de tierra en el agua

masa: la cantidad de materia de la que algo está hecho

newton (N): unidad de fuerza necesaria para acelerar un kilogramo de masa un metro por segundo al cuadrado

pascal (Pa): una unidad de presión; un newton de fuerza por metro cuadrado

presión: la aplicación de fuerza a algo por otra cosa con la que está en contacto directo

presión atmosférica: la fuerza del aire empujando contra una superficie

presión diastólica: la presión sanguínea cuando el corazón está en reposo

presión sistólica: la presión sanguínea al latir el corazón

principio de Arquímedes: la idea de que las cosas que desplazan más agua que su peso flotarán

se contraen: se tensan o se aprietan para hacerse más pequeños

tubería forzada: túnel bajo una presa diseñado para la salida del agua

turbinas: máquinas para producir energía continua

turgencia: la presión del agua dentro de las células de las plantas

vacío: un espacio completamente vacío de materia

vacío bajo: la cantidad de vacío que puede ser alcanzado mediante un equipamiento relativamente sencillo

vacuola: parte de la célula vegetal que retiene el agua

xilema: el tejido de una planta que transporta el agua

Índice

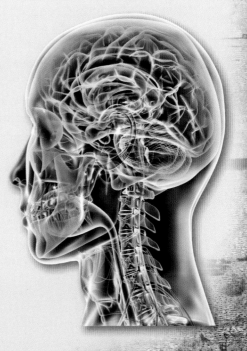

Bibliografía

Ellyard, David. *Weather (Nature Company Discoveries Library).* **Time Life Education, 1996.**

Sabes cómo afecta el clima a la tierra, ¿pero qué es el clima exactamente? Consigue una comprensión más profunda de lo que es el clima y cómo afecta al mundo a nuestro alrededor.

Kain, Kathleen E. *Secret Tricks: The Science Spiders Investigate Air Pressure.* **Ranch Works, 1999.**

Adéntrate en la ciencia de la presión del aire con la ayuda de estas amistosas arañas. Cada historia en este libro incluye un experimento seguro y divertido que puedes hacer en casa.

Meiani, Antonella. *Water (Experimenting with Science).* **Lerner Publishing Group, 2002.**

Docenas de experimentos te ayudan a entender la presión del agua y la ciencia que hay tras ella. Con la ayuda de este libro, las teorías científicas complicadas se convierten en ideas fácilmente comprensibles.

Spilsbury, Richard. *Air and Water Pressure (Fantastic Forces).* **Heinemann-Raintree, 2007.**

Obtén una mayor comprensión sobre cómo funciona esta fuerza y su papel en nuestra vida. ¡Intenta algunos experimentos prácticos para convertirte en el maestro de la presión del aire y el agua!

Más para explorar

Deep Sea Challenge
http://deepseachallenge.com/the-expedition/

Aprende acerca de la emocionante expedición de James Cameron a la parte más profunda del océano. Descubre el equipamiento utilizado y la investigación recogida durante su buceo.

It's a Breeze: How Air Pressure Affects You
http://kids.earth.nasa.gov/archive/air_pressure/index.html

Esta web de la NASA para niños contiene mucha información sobre la presión del aire, experimentos, juegos, actividades y preguntas de discusión que te ayudarán a entender el concepto de verdad.

How Stuff Works: Atmospheric Pressure
http://videos.howstuffworks.com/

Escribe *Atmospheric Pressure* en la barra de búsqueda. Aquí verás un vídeo con un experimento que demuestra la presión atmosférica junto con una explicación sobre cómo y por qué la Tierra está perfectamente diseñada para la vida.

Tree House Weather Kids
http://urbanext.illinois.edu/treehouse/activity_pressure.cfm

Haz clic en *Air Pressure and Wind* en la parte superior. Predecir el tiempo no sucede por casualidad: es una ciencia. Entérate de los fundamentos de la presión del aire y el viento aquí, con algo de ayuda de tus nuevos amigos.

Acerca de la autora

Stephanie Paris es una californiana de séptima generación. Es licenciada en Psicología por la Universidad de California, Santa Cruz, y obtuvo su certificación para enseñar diversas materias en la Universidad Estatal de California, San José. Ha sido maestra de primaria, maestra de primaria de informática y tecnología, madre que ha educado a sus hijos en casa, activista educativa, autora educativa, diseñadora web, *blogger* y líder de *Girl Scouts*. La señora Paris vive en Alemania, donde está agradecida de beneficiarse del suave clima traído por la corriente del Golfo.

¡POP!
Presión del aire y del agua

La presión del aire y del agua afectan a nuestras vidas cada momento del día. Sin ellas, no podríamos nadar en una piscina, beber con pajita, inspirar el aire y nuestra sangre no circularía por nuestro cuerpo. Estamos todos bajo presión. Sin ella, ¡no podríamos sobrevivir!

TIME FOR KIDS
Nonfiction Readers

Nivel 5.6
Número de palabras: 2136
Correlaciones con el nivel de lectura:
Nivel de intervención temprana 28
Nivel de lectura guiada V
Nivel de DRA (evaluación del desarrollo de la lectura): 50
Lexile® 820L

ISBN: 978-1-4333-7172-1
50000
9 781433 371721

TCM 18172